ROSARIO DE SONETOS LIRICOS

MIGUEL DE UNAMUNO

Rosario de

sonetos líricos

MADRID: IMPRENTA ESPAÑOLA. OLIVAR, 8

ES PROPIEDAD.—DERECHOS RESERVADOS

Breve e amplissimo carme ....

. . . .

fosti d'arcan dolori arcan richiamo.

CARDUCCI *Rime nuove Al sonelo.*

The great object of the Sonnet seems to be, to
express in musical numbers and as it were with
individed breath, some occasional thought or personal feeling «some fee-grief due to the poet's
breast». It is a sigh uttered from the fulness of
the heart, an involuntary aspiration born and
dying in the same moment.

W. HAZLITT. Table-Talk. On Milton's
sonnets.

LOS SONETOS DE BILBAO

I

OFERTORIO

— —

A mi querido amigo Pedro Eguillor.

No de Apenino en la riente falda,
de Archanda nuestra la que alegra el boche
recojí este verano á troche y moche
frescas rosas en campo de esmeralda.

Como piadoso el sol ahí no escalda
los montes otorgóme este derroche
de sonetos; los cierro con el broche
de este ofertorio y te los doy, guirnalda.

Van á la del Nervión desde la orilla
esta del Tormes; á esa mi Vizcaya
llevando soledades de Castilla.

No con arado, los saqué con laya;
guárdamelos en tu abrigada cilla
por si algún día en mí la fé desmaya.

S IX 10.

II

PUESTA DE SOL

—

¿Sabéis cuál es el más fiero tormento?
Es el de un orador volverse mudo;
el de un pintor, supremo en el desnudo,
temblón de mano; perder el talento

ante los necios, y es en el momento
en que el combate trábase más rudo,
solo hallarse sin lanza y sin escudo,
llenando al enemigo de contento.

Verse envuelto en las nubes del ocaso
en que al fin nuestro sol desaparece
es peor que morir. Terrible paso

sentir que nuestra mente desfallece!
Nuestro pecado es tan horrendo acaso
que así el martirio de Luzbel merece?

B. IX 10.

III

¡FELIX CULPA!

—

De fruta henchido el árbol de la vida
yérguese enfrente al árbol de la ciencia
lleno de flores de aromosa esencia
por Dios á nuestros padres prohibida.

Mas el provecho por el goce olvida
la mujer, y abusando de inocencia
al hombre da—feliz desobediencia!—
flor de saber que á más saber convida.

Desde entonces el pago del tributo
de nuestra muerte es de la vida el quicio;
envuelta el alma en el cristiano luto

rendimos á desgana el sacrificio
de la virtud para cojer su fruto,
¡mientras florece perfumado el vicio!

B. IX 10.

IV

LA VIDA DE LA MUERTE

———

Oir llover no más, sentirme vivo;
el universo convertido en bruma
y encima mi conciencia como espuma
en que el pausado gotear recibo.

Muerto en mí todo lo que sea activo,
mientras toda visión la lluvia esfuma,
y allá abajo la sima en que se suma
de la clepsidra el agua; y el archivo

de mi memoria, de recuerdos mudo;
el ánimo saciado en puro inerte;
sin lanza, y por lo tanto sin escudo,

á merced de los vientos de la suerte;
este vivir, que es el vivir desnudo,
no es acaso la vida de la muerte?

B. IX 10.

V

BAJO ETERNA LUNA

———

Cayó este más al borde de la senda
escalando la cumbre á paso tardo,
y de la cruz al pié rendido el fardo
de su dolor dejó, piadosa ofrenda.

Veía en lo alto palpitar la tienda
en donde clava el sol su primer dardo
y el último y en donde el cielo pardo
baja en niebla sin lluvia que la ofenda.

Iba tras el descanso su fatiga
á ver del sol la refulgente cuna,
huyendo de la sombra que atosiga

al corazón, y sin aurora alguna,
duerme muy lejos de la cumbre amiga
su sueño eterno bajo eterna luna.

B. IX 10.

VI

PREMATURO AMOR

—

Y dijo:

«Tiemblas? por qué, si aun no está maduro?
Cálmate, niña, te traeré el espejo
ó si no mírame, que en el reflejo
te verás de mi cara. Es el conjuro

de un amor todavia en el oscuro
rincón del nido. Cuando se haga viejo
verás que fué nuestro mejor consejo
dejarlo estar mientras era harto puro.

Considera, si al cabo te decides,
estando como está la fruta verde,
que si se entra temprano en ciertas lides

urge acabar lo que una vez se muerde,
aun cojiendo dentera, y nunca olvides
que es el que pone más el que más pierde.»

B. IX 10.

VII

AL AZAR DE LOS CAMINOS

———

Nudo preso al azar de los caminos
bajo el agüero de una roja estrella,
él desde el cierzo, desde el ábrego ella,
rodando á rumbo suelto peregrinos.

Al mismo arado uncieron sus destinos
y sin dejar sobre la tierra huella
se apagaron igual que una centella
de hoguera. Y se decían los vecinos:

De dónde acá ese par de mariposas?
y hacia dónde se fué? cuál su ventura?
su vida para qué? como las rosas

se ajaron sin dar fruto; qué locura
quemarse así las alas! ¡Necias cosas
de amor, siempre menguado pues no dura!

B. IX 10.

VIII

EL FIN DE LA VIDA

—

Fue flor que al árbol arrancó el granizo
y luego en tierra el sol la vió, despojo,
entre el polvo rodar por el rastrojo
del viento al albedrío tornadizo.

Mantillo al fin la oscura flor se hizo
al pié escondido de espinoso tojo
y en el trascurso de un ocaso rojo
la enterró vil gusano. De su hechizo

quedó libre el perfume, lo que aspira
hacia el cielo inmortal, templo de calma
en que no hay ni granizo ni mentira,

que es el cuerpo algo más que vil enjalma
de la mente; para el canto es lira,
y es el fin de la vida hacerse un alma

B. IX 10.

IX

Pasaron como pasan por la cumbre
regazadas las nubes del estío
sin dejar en los riscos el rocío
de sus pechos; pasaron, y la lumbre

del sol, desenvainada, pesadumbre
para su frente fué; lejos el río
por la fronda velado, á mi desvío
cantando reclamaba a la costumbre.

De la montaña al pié verdeaba el valle
del sosiego en eterna primavera,
rompía entre sus árboles la calle

pedregosa que sube á la cantera,
y era el del río el susurrar del dalle
de la muerte segando en la ribera.

B. IX 10.

X

Tus ojos son los de tu madre, claros,
antes de concebirte, sin el fuego
de la ciencia del mal, en el sosiego
del virgíneo candor; ojos no avaros

de su luz dulce, dos mellizos faros
que nos regalan su mirar cual riego
de paz, y á los que el alma entrego
sin recelar tropiezo. Son ya raros

ojos en que malicia no escudriña
secreto alguno en la secreta vena,
claros y abiertos como la campiña

sin sierpe, abierta al sol, clara y serena;
guárdalos bien, son tu tesoro, niña,
esos ojos de virgen Magdalena.

B. IX 10.

XI

NUESTRO SECRETO

—

No me preguntes más, es mi secreto,
secreto para mí terrible y santo;
ante él me velo con un negro manto
de luto de piedad; no rompo el seto

que cierra su recinto, me someto
de mi vida al misterio, el desencanto
huyendo del saber y á Dios levanto
con mis ojos mi pecho siempre inquieto.

Hay del alma en el fondo oscura sima
y en ella hay un fatídico recodo
que es nefando franquear; allá en la cima

brilla el sol que hace polvo al sucio lodo;
alza los ojos y tu pecho anima;
conócete, mortal, mas no del todo.

B. IX 10.

XII

FRATERNIDAD

———

Tiéndele tu mirada, blanda mano
de salvación, y así tal vez su pecho
sollozando alzará del duro lecho
de su vergüenza y su dolor insano.

Mas de uno á quien pecar le puso cano,
rodando por el polvo, ya maltrecho,
sintió de pronto el corazón rehecho
al tocar la sonrisa de un hermano.

Del yermo que su triste planta pisa
haz que una flor tan sólo el suelo alfombre,
flor á que meza la celeste brisa

de la humana hermandad, que no se asombre
de que le miren sin hostil requisa
y que en sí mismo se descubra al hombre.

B. IX 10.

XIII

OJOS DE ANOCHECER

———

Ojos de anochecer los de tu cara
y luz de luna llena dentro de ellos
suave lumbre de argénteos destellos
que entre las sombras blancos surcos ara.

Al fulgor dulce de la luna clara
de tus ojos parecen tus cabellos
sobre tu frente misteriosos sellos
que sellan el secreto que te ampara.

Y allá, más dentro, en el cerrado limbo
del corazón un encendido brote
de flor de infinitud, rojo corimbo

de estrellas que el Destino echó por lote
en tu senda, y ciñéndolas de nimbo
la niebla del misterio que es tu dote.

B. IX 10.

XIV

RUIT HORA

—

Mira que van los días volanderos
y con ellos las lunas y los soles
susurrando cual huecos caracoles
marinos los susurros pasajeros

del mar del infinito; son luceros
de misteriosa procesión faroles
y á una esperanza ciega nunca inmoles
la realidad que cruza los senderos.

Querer guardar los ríos en lagunas
resulta siempre una imposible empresa;
no son sepulcros las abiertas cunas

en que la vida se eternice presa,
y no pudiendo detener las lunas
con ellas ve en el giro que no cesa.

B. IX 10.

XV

MI VIEJA CAMA

———

Vuelvo á acostarme en tí, mi amiga cama,
que abrigaste mis noches siendo mozo
y tu tibieza un recojido gozo
por todos mis sentidos desparrama.

En sueños hoy reanudo en tí la trama
de los viejos recuerdos trozo á trozo
de cuando aun sin apuntarme el bozo
era mi pena ya conquistar fama.

Y luego en tí... mas calla y enmudece;
la cama ha de ser velo y ser escudo,
la más santa memoria se envilece

si no es guardada por un pecho mudo;
y puesta á la luz cruda no florece;
oh, si muriese en tí, también desnudo!

B. IX 10.

XVI

DULCE RECUERDO

——

Te acuerdas? Fué en mañana del otoño
dulce de nuestra tierra, tan tranquilo,
en que esparce sus hojas aquel tilo
que sabes; eras tú verde retoño

con las trenzas no presas aun en moño
cuando pasando junto á mí yo el tilo
no resistí de tu mirar y asilo
corrí á buscar al corazón bisoño

en el cercano templo. De tus labios
fluía gota á gota una sonrisa
muda y clara, cual de alma sin resabios

de amor pero que está al amor sumisa;
desde entonces tus ojos astrolabios
son de mi viaje que en cielo frisa.

B. IX 10.

XVII

LA LEY DE LA GRAVEDAD

Se van los años cada vez más breves,
con rosas primavera, con los trigos
el verano, el otoño con los higos
y el negro invierno con las blancas nieves.

Según hacia tu ocaso más te mueves
más raudos van, de tu vivir testigos
que te arrancan, cual fieros enemigos,
al reposo. Si allá en las horas leves

de mocedad marchaban en tortuga,
hoy descubres la ley que nos aflige
de gravedad, á tu primer arruga;

más cerca de la tierra se te exige
que corras más y no queda otra fuga
que ir á parar donde el destino fige.

B. IX 10.

XVIII

HIPOCRESÍA DE LA HORMIGA

—

Para hipócrita no hay como la hormiga
queriendo hacernos ver como trabaja,
viene y va, vuelve, torna, sube y baja
arrastrando á las veces una miga.

Afán de logro dicen que la hostiga
y que do quiera busca sacar raja
y que deja cantando entre la paja
á la cigarra y que se va á la espiga.

No hagas caso; la miga es la de antaño,
la misma siempre, no más que un achaque
para pasearse con el gesto huraño

del *atareado* que nos trae en jaque.
De aquel que sabes tal es el amaño:
no hace sino pasear con grave empaque.

B. IX 10.

XIX

AL PAGAZARRI

—

Ceñudo Pagazarri, viejo amigo
de la tristeza de mis mocedades
tu soledá amparó mis soledades
con su rasa verdura como abrigo.

Tu adusta paz, de mi anhelar testigo,
al verte hoy á mi recuerdo añades
y con el aire de tu cumbre invades
este pecho que hiciste tú conmigo.

Las pardas peñas de San Roque, enhiestas
espaldas del jayán frente á la Villa
se alzan llevando tu cabeza á cuestas

y en el invierno allá en lo alto, orilla
del cielo de mi cuna, en breves puestas
mi sol en la agonía al mundo brilla.

B. IX 10.

XX

Junto al caserío Jugo,
barrio de Aperribay, en la anteiglesia
de Galdácano, Vizcaya.

Aquí, en la austeridad de la montaña
con el viento del cielo que entre robles
se cierne redondearon pechos nobles
mis abuelos; después la dura saña

banderiza el verdor fresco que baña
Ibaizábal con férreos mandobles
enrojeció, y en los cerrados dobles
del corazón dejó gusto de hazaña

á mi linaje. Vueltos de la aldea
á la paz dulce y del trabajo al yugo
la discordia civil prendió la tea

que iluminó su vida y fué verdugo
de la modorra que el sosiego crea.
Y así se me fraguó sangre de Jugo.

B. IX 10.

XXI

SIN HISTORIA

—

En los tiempos de paz y en los de guerra
desde esa cumbre vió secular haya
con terquedá en el valle férrea laya
mover y remover la ingrata tierra,

á la que ablandan aguas de la sierra,
mientras las rocas triturando en playa
bramaba el mar del golfo de Vizcaya
que una tragedia en cada ola encierra.

En el oscuro fondo del haedo
se abre la oscura boca de una mina
de los viejos ferrones, y en el ruedo

de la herrería que hoy está en rüina,
un escorial nos dice del denuedo
que á un pueblo hacia la historia le encamina.

B. IX 10.

DE VUELTA Á CASA

XXII

Al salir de Bilbao, lloviendo
el 20 IX 10.

Desde mi cielo á despedirme llegas
fino orvallo que lentamente bañas
los robledos que visten las montañas
de mi tierra y los maices de sus vegas.

Compadeciendo mi secura riegas
montes y valles, los de mis entrañas,
y con tu bruma el horizonte empañas
de mi sino y así en la fé me anegas.

Madre Vizcaya, voy desde tus brazos
verdes, jugosos, á Castilla enjuta
donde fieles me aguardan los abrazos

de costumbre, que el hombre no disfruta
de libertad si no es preso en los lazos
del amor, compañero de la ruta.

XXIII

FRENTE Á ORDUÑA

Al trasponer tus peñas, vieja Orduña,
sobre el fresco verdor de los maïces
los amarillos trigos que raïces
prenden en la llanada de la Armuña

llenaban mi memoria, la que acuña
los pasos venturosos é infelices
y que al igual de triunfos los deslices
del corazón con avaricia empuña.

Es Vizcaya en Castilla mi consuelo
y añoro en mi Vizcaya mi Castilla;
oh si el verdor casara de mi suelo

y el mar que canta en su riscosa orilla
con el redondo páramo en que el cielo
ante un sol se abre que desnudo brilla!

En el tren, de B. á S. frente á Orduña,
20 IX 10.

XXIV

Ó CRUZ Ú ORO!

———

Sobre el pecho, colgada de tu cuello,
una cruz de oro refulgente llevas
dando así al mundo acrisoladas pruebas
de cristiana. En tu rostro un día bello

los afeites é insomnios triste sello
de amor venal dejaron. ¡Pobres Evas
que del pecado en las hediondas cuevas
de la imagen de Dios el fiel destello

borrais! En vez de redentor ariete
de contrición que rompa tu desdoro,
en tu pecho es sacrílego alcahuete

ese signo que finge tu decoro,
mas su doble reclamo es de falsete
pues ó sobra la cruz ó sobra el oro!

En el tren, de Pancorbo á Burgos,
20 IX 10.

XXV

NI MÁRTIR NI VERDUGO

οὔτε γὰρ ἄρχειν οὔτε ἄρχεσθαι ἐθέλω
HERODOTO III 83.

———

Busco guerra en la paz, paz en la guerra,
el sosiego en la acción y en el sosiego
la acción que labra el soterraño fuego
que en sus entrañas bajo nieve encierra

nuestro pecho. Rodando por la tierra
al azar claro del destino ciego
vida en el juego y en la vida juego
buscando voy. Pues nada más me aterra

que tener que ser águila ó tortuga,
condenado á volar ó bajo el yugo
del broquel propio á que no cabe fuga,

y pues á Dios entre una y otra plugo
dar á escojer á quien sudor enjuga
ni mártir quiero ser ni ser verdugo.

En el tren, entre Burgos y Valladolid,
20 IX 10.

XXVI

AL TRAMONTAR DEL SOL

> . . . . las nubes coloradas
> al tramontar del sol bordadas de oro.
> GARCILASO *Egloga primera.*

La agonía del sol en el ocaso
sobre el negro verdor de las encinas
de su lecho detrás de las cortinas
de leves nubes de purpúreo raso.

Y allá en levante, ya de luz escaso,
en el luto agonizan las colinas
mientras del cielo en cúpula y pechinas
se asienta el polvo del febeo paso.

Morir así, á los profanos ojos
velado, mas ceñido de la gloria,
rompiendo á los mortales los cerrojos

con que guardan avaros la memoria,
y con fulgor de resplandores rojos
dejar sellado el cielo de la historia!

En el tren, entre Valladolid y Medina del Campo,
20 IX 10.

XXVII

MEDINA LA DEL CAMPO

—

En la del Campo secular Medina,
junto al rubio Castillo de la Mota
que al cielo de Castilla yergue rota
su torre, cual blasón de la rüina

de aquella hidalga tierra isabelina,
la de cruz y espadón, sotana y cota,
que allende el mar, en extensión remota,
vendió su sangre al precio de una mina,

velan el sol con su humareda sucia
turbando el sueño de Isabel los trenes,
mientras Maese Luzbel que con la astucia

de su saber nos tiene el alma en rehenes,
sobre esta España que avariento acucia
vuelca el raudal de los dudosos bienes.

En la estación de Medina del Campo
noche del 20 al 21 IX 10.

EN CASA YA

XXVIII

LA GRAN REHUSA

Vidi e conobbi l'ombra di colui
che fece per viltate il gran rifiuto.
DANTE. *Inferno III, 59-60.*

Al abrigo fatal de la cogulla
con que te encubres el altivo ceño
se incuba libre el ambicioso ensueño
que soledad con su silencio arrulla.

Del mundo huyendo la inocente bulla,
vuela adusto tu espíritu aguileño
en torno no del sacrosanto leño
que con su yugo al corazón magulla

si no del solio. Aunque la plaza huiste
la plaza llevas dentro y es la musa
con que Satán te pone el alma triste,

la que te dió la vocación confusa
por la que adiós á tu familia diste,
que no, cobarde, harás la gran rehusa.

S. 22 IX 10.

XXIX

REDENCIÓN

—

Dios te conserve fría la cabeza,
caliente el corazón, la mano larga,
corta la lengua, el oído con adarga,
y los piés sin premura y sin pereza.

Cuando en la senda del vivir tropieza
el hombre del dolor bajo la carga
su propio peso es el que más le embarga
para alzarse del suelo. La tristeza

sacude, empero, que ella es el estrago
más corruptor de nuestras pobres vidas,
pues no es vivir vivir bajo su amago.

No por tus obras tus tesoros midas
si no que el alma, de fé pura en pago,
se levanta merced á sus caídas.

23 IX 10.

XXX

LA LEY DEL MILAGRO

Leyendo á Cournot.

Hay la ley del milagro que regula
cuanto escapa á otra ley pues ni Dios mismo,
con su poder, se arranca del abismo
en el que toda sinrazón se anula.

Es ley de vida que no se formula
en trazado ni en cifras de guarismo
mas la mente compréndela en bautismo
y con nombre de azar la disimula.

Dios á dos manos teje en su telar
con la zurda llevando el recio trazo
que el hombre á ciencia logra sujetar,

mientras su diestra en ese cañamazo
borda al santo capricho del azar
que es del progreso el poderoso brazo.

S. 24 IX 10.

XXXI

PALEONTOLOGÍA

———

Hay rocas que conservan, alegatos
al diluvio anteriores, las señales
que dejaron rastreros animales
de su paso en la tierra. Los estratos

pedernosos en esos garabatos
como con grandes letras capitales
nos dicen las memorias ancestrales
de sus vidas. El sabio los hiatos

de esas huellas supone y con tanteos
logra fijar la alcurnia de una raza
que pasó, mas el cielo á los ondeos

del volar de las aves no da caza.
En la historia del hombre los rastreos
quedan así, no de sus vuelos traza.

S. 23 IX 10.

XXXII

AL TORMES

—

Desde Gredos, espalda de Castilla,
rodando, Tormes, sobre tu dehesa
pasas brezando el sueño de Teresa
junto á Alba la ducal dormida villa.

De la Flecha gozándote en la orilla
un punto te detienes en la presa
que el soto de Fray Luis cantando besa
y con tu canto animas al que trilla.

De Salamanca cristalino espejo
retratas luego sus doradas torres,
pasas solemne bajo el puente viejo

de los romanos y el hortal recorres
que Meléndez cantara. Tu consejo
no de mi pecho, Tormes mío, borres.

S. 24 IX 10.

XXXIII

Fué tu vida pasión en el desierto
mar de la pena, bajo la tormenta
del viento que las olas acrecienta
soñando siempre en el lejano puerto.

Nunca viste á piedad el cielo abierto,
luchaste sin la luz que al bravo alienta
contra la suerte, fría y avarienta,
y empiezas á vivir después de muerto.

Llegan ahora á cantar sobre tu tumba
los que por fin dejaron de temerte;
el eco de la gloria no retumba

si no al arrimo de tu oído inerte;
menester es que el héroe sucumba
para cobrar justicia de la muerte.

S. 25 IX 10.

XXXIV

TEMPLO DE CARNE

———

Tu pecho, de esplendor dorico-jónico,
tiene en el corazón el relicario
en que guardas las hojas del breviario
del rezo lento del amor canónico.

Lleva tu cara de perfil armónico
cual lámparas tus ojos del sagrario
y tu boca, de corte lapidario,
una sonrisa de vigor irónico.

Se santigua mi carne si contemplo
de tu sagrada carne el edificio;
de la virtud carnal eres ejemplo;

es tu vida un alegre sacrificio
y tu cuerpo de Santa, Venus templo
donde carece de sentido el vicio.

S. 25 IX 10.

XXXV

VIDAS DE OTOÑO

—

Vidas de otoño son, crepusculares,
con un sentido ambiguo é indeciso,
sin que se sepa que es lo que Dios quiso
al crearlas decir. Con sus pesares

oscuros cruzan campos y lugares
marcando á vuelo roto sobre el piso
la vaga sombra. Su hálito sumiso
va al morir á las nieblas estelares.

Sale, perdido ya, negro murciélago
en estas noches tibias de setiembre
el cielo del otoño á disfrutar

y vuela acaso de la aceña al piélago,
sin que su triste sino se remembre,
su oscura vida errática á acabar.

S. 25 IX 10.

XXXVI

EL EVANGELIO

—

Le dió Mateo la cabeza humana,
tronco de toro Lucas, leoninas
garras Marcos y Juan las aquilinas
alas le dió. Nacido una mañana

de oscura niebla, la que de Dios mana
pura lumbre por valles y colinas
vertió, pero velada por neblinas
con que á uno enferma si es que al otro sana.

Porque es la encarnación de aquel querube
cuyo nombre en el cielo es el de Esfinge,
que entre fulgores de dorada nube

la faz del Dios de amor y de ira finge
y sin llegarle nunca hacia Aquel sube
que la luz del misterio en sí restringe.

S. 26 IX 10.

XXXVII

LA ESFINGE

—

Te arrancaron, Esfinge de granito,
las alas, y tu cuerpo las arenas
cubrieron, y de entonces nos condenas
en la senda que lleva al infinito

marcándonos fatal el postrer hito,
á clavar nuestra planta en las almenas
de tu frente, perdiéndose entre penas
de vanidad de anhelo nuestro grito.

En torno tuyo el abrasado yermo
contempla al cielo de simunes cálido
que sañudo te azota sin piedad,

mientra en rezago el peregrino enfermo
muere de sed y sobre el pecho inválido
ve á la muerte trayendo libertad.

S. 26 IX 10.

XXXVIII

LA PARRA DE MI BALCÓN

.

———

El sol de otoño ciernes de mi alcoba
en el ancho balcón, rectoral parra
que de zarcillos con la tierna garra
prendes su hierro. Y rimo alguna trova

en ratos que el oficio no me roba
á tu susurro, de esta tierra charra
viejo eco de canción. No irán á jarra
cual las que sufren del lagar la soba,

parra de mi balcón, tus verdes uvas;
para mi mesa guardo los opimos
frutos del sol de otoño bien repletos;

no quiero que prensados en las cubas
de vino se confundan mis racimos
y con ellos se pierdan mis sonetos.

S. 26 IX 10.

XXXIX

LA ORACIÓN DEL ATEO

———

Oye mi ruego tú, Dios que no existes,
y en tu nada recoje estas mis quejas,
tú que á los pobres hombres nunca dejas
sin consuelo de engaño. No resistes

á nuestro ruego y nuestro anhelo vistes.
Cuanto tú de mi mente más te alejas
mas recuerdo las plácidas consejas
con que mi ama endulzóme noches tristes.

Qué grande eres, mi Dios! Eres tan grande
que no eres si no Idea, es muy angosta
la realidad por mucho que se espande

para abarcarte. Sufro yo á tu costa,
Dios no existente, pues si Tú existieras
existiría yo también de veras.

S. 26 IX 10.

XL

EL ARTE

———

Al sol y de los vientos al socaire
sin sacudirse moscas, con la legra
más tajante que lengua de una suegra
afeita perros muertos el pelaire.

Rapa con tino y singular donaire
y así se gana la comuña negra,
y mientras rapa su trabajo alegra
cantando sus trabajos al desgaire.

Es un artista; no comete un yerro
ni para hasta dejar el rape al punto,
que si vivo es costoso hinchar un perro

no es fácil afeitarle ya difunto.
La moraleja en breve frase encierro:
es arte el dominar cualquier asunto.

S. 26 IX 10.

XLI

OJOS SIN LUZ

—

Hermosos ojos que no veis, topacios
de lumbre muerta, cristalinas lunas,
gemelas tristes, vais por los espacios
tenebrosos mecidas como cunas

de invisibles visiones y de agüeros
de un mundo que marrara. Y de tiniebla
se abren ante vosotros los senderos
que van rompiendo de la luz la niebla.

Hermosos ojos que no veis, se mira
el angel de la luz en vuestro brillo,
un soplo inmaterial triste suspira,

alza vista sin ojos al castillo
de Dios, y entona luego con su lira
aquel de eterno Amor dulce estribillo.

S. 27 IX 10.

XLII

INCREDULIDAD Y FÉ

Salmo XLII 2.—Exodo XXXIII 20.—
Marc. IX, 25.—Marc. IX 24

Sed de Dios tiene mi alma, de Dios vivo:
conviértemela, Cristo, en limpio aljibe
que la graciosa lluvia en sí recibe
de la fé. Me contento si pasivo

una gotica de sus aguas libo
aunque en el mar de hundirme se me prive,
pues *quien mi rostro ve—dice—no vive*
y en esa gota mi salud estribo.

Hiéreme frente y pecho el sol desnudo
del terrible saber que sed no muda;
no bebo agua de vida, pero sudo

y me amarga el sudor, el de la duda,
sácame, Cristo, este espíritu mudo,
creo, tú á mi incredulidad ayuda.

S. 27 IX 10.

XLIII

EN MI CUADRAGÉSIMO SEXTO CUMPLEAÑOS

29 IX 10.

Ahora que ya por fin gané la cumbre,
á mis ojos la niebla cubre el valle
y no distingo á donde va la calle
de mi descenso. Con la pesadumbre

de los agüeros vuelvo hacia la lumbre
que mengua la mirada. Que se acalle
te pido esta mi ansión y que tu dalle
siegue al cabo, Señor, toda mi herrumbre.

Cuando puesto ya el sol contra mi frente
me amaguen de la noche las tinieblas,
tú, Señor de mis años, que clemente

mis esperanzas con recuerdos pueblas,
confórtame al bajar de la pendiente;
de las nieblas salí, vuelvo á las nieblas.

S.

XLIV

LA PALABRA

Juan I 1   Mat VI 9

Llave del ser, *fué en un principio el verbo*
por el que se hizo todo cuanto muda
y el verbo es la cadena con que anuda
Dios los dispersos granos de su acervo.

Por él el hombre deja de ser siervo,
se vale de él en la batalla ruda
y en él la apaga cuando su alma suda
como en la fuente tras de acoso el ciervo.

Sea de Dios santificado el nombre
que es Dios también, pues fué con la palabra
como creara el mundo en un principio.

Con la palabra, como Dios, el hombre
su realidad de ideas forja y labra:
nunca la profaneis á huero ripio.

S. 28 IX 10.

XLV

PORTUGAL

—

Del atlántico mar en las orillas
desgreñada y descalza una matrona
se sienta al pié de sierra que corona
triste pinar. Apoya en las rodillas

los codos y en las manos las mejillas
y clava ansiosos ojos de leona
en la puesta del sol; el mar entona
su trágico cantar de maravillas.

Dice de luengas tierras y de azares
mientras ella sus piés en las espumas
bañando sueña en el fatal imperio

que se le hundió en los tenebrosos mares,
y mira como entre agoreras brumas
se alza Don Sebastián, rey del misterio.

S. 28 IX 10.

XLVI

EL VOLCÁN DE FANGO

> The central mud volcano.
> CARLYLE.

Vuelve á erumpir aquel volcán de cieno
que guarda en su cogollo nuestra Europa
y sobre España vierte de su copa
las heces bien yeldadas con veneno.

A fuerza nos las mete con barreno
sabiendo bien que aquello con que topa,
no se limpia después ni aun con garlopa
que en su rasgar nos desgarrara el seno.

Guisa la historia cual le viene en gana
pues ella tiene la sartén del mango
y á quién á lagotearla no se allana

le echa la mugre, de su ciencia el fango,
que en estos tiempos de plomada y llana
no hay co mo ser nación de primer rango.

S. 29 IX 10.

XLVII

MI DIOS HEREJE

Salmo CIX 28

Aunque ellos me maldigan qué me importa
si me bendices tú, mi Dios hereje;
tu santa diestra mi destino teje
y tú me enseñas que la vida es corta

y muy larga la muerte. Me conforta
tu silencio mandándome no ceje
de lanzar á este viento que nos meje
mi voz que á inquietarse les exhorta.

Mientras de mí, Señor, tú no recabes
que aquel nuestro secreto al fin divulgue
yo de ellos no me quejo, ya lo sabes,

y encuentro natural se me escomulgue;
muy justo es que la Iglesia con las llaves
del Pescador rascándose se espulgue.

S. 29 IX 10.

XLVIII

Eres un zorro que escapo de trampas
aunque te vistes con la piel del topo
zapa-misterios por si al paso un zopo
polluelo te saliera y te lo zampas.

Trepas de la piedad las crespas rampas
bajo una cruz que es de ahuecado chopo,
borrando vas tus huellas con el jopo;
nadie sabe de noche donde acampas.

Quieres entrar al cielo con el cerdo
de San Antón, el perro de San Roque,
con el cuervo de Elías; no eres lerdo

y sabes bien las mañas del azoque.
Que ellos teniendo su patrón, el tuyo
no ha de faltar, del santoral arguyo.

S. 29 IX 10.

XLI

SUEÑO FINAL

Salmo CXXVII 2

Álzame al Padre en tus brazos, Madre de Graci
y ponme en los de Él para que en ellos duerma
el alma que de no dormir está ya enferma,
su fe, con los insomnios de la duda, lacia.

Haz que me dé, á su amado, sueño que no sacia
y á su calor se funda mi alma como esperma,
pues tan sólo en el sueño, á su calor se merma
de este vano vivir la diabólica audacia.

Este amargo pan de dolores pide sueño,
sueño en los brazos del Señor donde la cuna
se mece lenta que hizo de aquel santo leño

de dolor. Ese sueño es mística laguna
que en eterno bautismo de riego abrileño
con su hermana la muerte la vida readuna.

S. 30 IX 10.

L

EL LIRIO NEGRO

———

El negro lirio del jardín monástico,
aquel que conocía tu congoja,
rinde su copa pues ya no la moja
ni de tu frente el sudor escolástico

ni el llanto de tus ojos eclesiástico,
desde que vistes esa capa roja
bajo la cual picado se te afloja
aquel cordón que hiciste tan elástico.

Al negro lirio del jardín la brisa
bajo rezos de coro y el murmullo
del refectorio trae ecos de risa

del Tentador. Y á su fatal arrullo
el lirio negro, cual si oyera misa
recoje compungido su capullo.

S. 30 IX 10.

LI

UNA VIDA

———

Del ciprés á la sombra, en un recodo
del jardín del convento un negro lirio
le decía á Sor Juana del martirio
de salir limpia de huesa de lodo.

Recordaba á su padre que beodo
el candor le rompiera en un delirio
y á cuyos pies su mocedad cual lirio
votivo ardió. Lo recordaba todo:

la del invierno negro blanca noche
en que mientras nevaba á copo lento
su madre se murió, sin un reproche,

y aquella en que llegó con fiero viento
la amiga de su padre en el derroche,
y ella, huyendo el hogar, corrió al convento.

S. 1 X 10.

LII

LA MANIFESTACIÓN ANTILIBERAL

—

Válanos el Señor y nos socorra
ante esta energuménica avalancha,
y quién los ilumina y los engancha?
que ya no es la paloma, es una zorra.

Ni eso tampoco es cruz, es cachiporra
que rompiendo cabezas las ensancha
y en bautismo de sangre así las mancha;
ni evangelio eso es, si no camorra.

Benditos, sí, los mansos pues la tierra
poseen y de paz son sus abrazos;
pero quien aquí abajo sólo encierra

el largo anhelo preso en cortos lazos?
Padece el cielo fuerza y de la guerra
la gloria conquistarlo es á cristazos.

S. 2 X 10.

LIII

RAZÓN Y FÉ

—

Levanta de la fé el blanco estandarte
sobre el polvo que cubre la batalla
mientras la ciencia parlotea, y calla
y oye sabiduría y obra el arte.

Hay que vivir y fuerza es esforzarte
á pelear contra la vil canalla
que se anima al restalle de la tralla
y ¡hay que morir! exclama. Pon tu parte

y la de Dios espera, que abomina
.del que cede. Tu ensangrentada huella
por los mortales campos encamina

hacia el fulgor de tu eternal estrella;
hay que ganar la vida que no fina,
.con razón, sin razón ó contra ella.

En el tren, entre Salamanca y Béjar
1 X 10.

LIV

BARATEROS DE LA GRACIA

—

Departían así en el refectorio:
—Más negro cada vez es el bodigo...
—Parece de bellota de quejigo...
—¡A qué ha venido á dar el ofertorio!

—Es decreto de Dios y bien notorio,
por andarlo buscando de trastrigo,
á la gula nos manda este castigo.
—¡Debe de estar en quiebra el Purgatorio!

—y la Iglesia, por tanto, ya en naufragio...
—Es la fé cada día más rehacia...
—Inútil es cantemos el trisagio

porque en tiempos de impía democracia
la grey, acostumbrada ya al sufragio,
no sufre barateros de la gracia.

S. 3 X 10.

LV

IR MURIENDO

—

Ves al ocaso en limpio mar de plata
flotar vagos islotes de ceniza
celeste, entre los cuales agoniza
el dragón que los días arrebata.

Santa visión que el alma te rescata
del mundo que á su afán nos esclaviza
y la esperanza, de la fé melliza
despierta en tí. Y en ese que retrata

del cielo el mar arrullador regajo
que entre tomillo y mejorana brota
dejas correr el alma aguas abajo

mientras el siglo desbocado trota
y gozas, libertado del trabajo,
rincón en que morirte gota á gota.

S. 3 X 10.

LVI

LA ENCINA Y EL SAUCE

> Chi l'ombre indusse del piangente salcio
> su' rivi sacri? ti rapisca il vento
> de l'Apennino, o molle pianta, amore
> d'umili tempi!
> Qui pugni á verni e arcane istorie frema
> co'l palpitante magio ilice nera,
> a cui d'allegra giovinezza il tronco
> l'edera veste
>
> CARDUCCI *Alle Fonti del Clitumno*

La inmoble encina al cielo inmoble alza redonda
la copa prieta que ni cierzo fiero riza
mientra el sauce llorón en el agua huidiza
la cabellera tiende hundiéndola en la onda.

Van sus hojas de otoño del río en la ronda
hacia el mar en que el río vencido agoniza
y al llegar del invierno los cielos ceniza
menea su manojo de varas sin fronda.

Deme Dios el vigor de la encina selvática
que huracanes respira en su copa robusta
y del alma en el centro una rama fanática

con verdor de negrura perenne y adusta
que no quiero del sauce la fronda simpática
que á las aguas que pasan doblega su fusta.

S. 4 X 10.

LVII

PIEDAD CASTIZA

—

¡Que no hay más Dios que Dios, y su profeta
Iñigo es, el vasco morabito,
el que el Corán de Cristo en monolito
erigiera. Que al alma más inquieta

si se somete á su piadosa dieta,
se le arranca de manos del Precito;
hay que buscar la libertá en el rito,
los *Ejercicios* dicen la receta.

No se injerta la palma en el abeto
ni caben mescolanzas, africana
nuestra piedad será, y frente al reto

de la insufrible petulancia ariana,
de pitas y de chumbos con un seto
guarde su senda nuestra caravana.

S. 4 X 10.

LVIII

MI CIELO

——

Días de ayer que en procesión de olvido
llevais á las estrellas mi tesoro,
no formareis en el celeste coro
que ha de cantar sobre mi eterno nido?

Oh Señor de la vida, no te pido
si no que ese pasado por que lloro
al cabo en rolde á mí vuelto sonoro
me dé el consuelo de mi bien perdido.

Es revivir lo que viví mi anhelo,
y no vivir de nuevo nueva vida,
hacia un eterno ayer haz que mi vuelo

emprenda sin llegar á la partida,
porque, Señor, no tienes otro cielo
que de mi dicha llene la medida.

S. 5 X 10.

LIX

UN PATRIOTA

——

Piensa como respira, con cadencia
orgánica; piensa con el lenguaje
—concreción secular de la experiencia—
de su pueblo, y en recio maridaje

viven su fé y la íntima creencia
de que aquella brotó. Es el vasallaje
de libertad que rinde ante la herencia
vital á la que debe su bautismo.

Piensa con las ideas de su raza,
pues siente bien que para ser él mismo
ha de arreciar aquello que le enlaza

con los suyos. Piensa como respira
y su alma, con patriótica cachaza,
resuella alguna vez, nunca delira

S. 6 X 10.

LX

A UNA GAZMOÑA

———

ἀλλὰ πτύσας ὡσεί τε δυσμενῆ μέθες
τὴν παῖδ᾽ ἐν Ἅιδου τήνδε νυμφεύειν τινί

SÓFOCLES, *Antígona* 653-654

Coqueteas, hipócrita gazmoña,
con Cristo, á quien llamándote su sierva,
le tienes como á novio de reserva
por si el otro marrase. Ya bisoña

no eres en estas lides, la ponzoña
sabes sacar de la embrujada hierba
del amor y ponértela en conserva,
por si á su toque mocedad retoña

Con todo tu recato y tu misterio
no andas sino detrás de matrimonio,
pero no espiritual y de salterio;

mas por mucho que al pobre San Antonio
le sobes con ofrenda y sahumerio
te tendrás que cargar con el demonio.

S. 6 X 10

LXI

BAJO EL YUGO

—

Como en el buey en ti ya no es el cuerno
sino atadero para la correa
del yugo; cuando llegue la pelea
estorbo te será. Te ha puesto tierno

el largo establo, abrigo del invierno,
y del servil trabajo la tarea,
y ya no tienes ni remota idea
de que es un arma. Tal es el eterno

ejemplo de quien hace de la espada

reja de arado sobre que se encorva

y del machete defensor azada

en que del todo su vigor se absorba;

el cuerno no te sirve ya de nada

y al tener que luchar más bien te estorba.

S. 6 X 10.

LXII

ATEISMO

Quidquid cogitari vel desiderari po-
test est minus quam Deus
Sto. Tomás de Aquino *Opusc. VII.* 4-

Cómoda acusación la de ateísmo
para traer á un simple al estricote,
mas ello se reduce á un mero mote
que es el de Dios un insondable abismo,

en que todo es al cabo uno y lo mismo
y no hay por tanto quien de él agote
contrasentidos; en un pasmarote
hánosle convertido el catecismo.

Tomamos como fé á la esperanza
que nos hace decir: «Dios, en tí creo!»
cuando queremos creer, á semejanza

nuestra haciéndole. Dios es el deseo
que tenemos de serlo y no se alcanza;
quien sabe si Dios mismo no es ateo!

S 6 X 10.

LXIII

PAZ DE GUERRA

- - —

Almas de Dios que bajo el recio hostigo
del cielo atravesais esta galerna
de la vida que pasa hacia la eterna
llevando rumbo; cuando ya al abrigo

estcis seguras en el puerto amigo,
la nave—destrozados la cuaderna
y el gobernalle, que ya no gobierna—
en girones cual capa de mendigo,

y con el pecho de onda amarga lleno
en él se mezclará á vuestra alegría
cierto pesar, añoraréis el trueno

de tempestad, pues que de paz el día
si es dulce es porque hacemos en su seno
con la pasada guerra poesía.

S. 7 X 10.

LXIV

DIAS DE SIERVO ALBEDRIO

———

Días de dejadez en los que no se acaba
lo que se comenzara, días de modorra
y vaciedad en los que el no hacer nada borra
el deseo de hacer y en los que nos agrava

el pecho sentir como la vida es esclava
triste de la acción que el dolor no nos ahorra;
días en los que no hay un Dios que nos socorra
quitándonos de sobre el corazón la traba

de la conciencia de lo vano del empeño,
días de languidez en que el mortal desvío
de la vida se siente y sed y hambre del sueño

que nunca acaba, días de siervo albedrío,
vosotros me enseñais con vuestro oscuro ceño
que nada arrastra más al alma que el vacío.

S. 10 X 10.

LXV

SIÉMBRATE!

—

Sacude la tristeza y tu ánimo recobra,
no quieto mires de la fortuna la rueda
como gira al pasar rozando tu vereda
que á quien quiere vivir vida es lo que le sobra.

No haces sino nutrir esa mortal zozobra
que así en las redes del morir lento te enreda,
pues vivir es obrar y lo único que queda
la obra es; echa, pues, mano á la obra.

Ve sembrándote al paso y con tu propio arado
sin volver la vista que es volverla á la muerte,
y no á lo por andar sea peso lo andado.

En los surcos lo vivo, en tí deja lo inerte,
pues la vida no pasa al paso de un nublado;
de tus obras podrás un día recojerte.

S. 10 X 10.

LXVI

AL DIOS DE ESPAÑA

——

Sólo las patrias son la gran escuela
del ideal de la hermandad humana
pues de las patrias es de donde emana
la fe en nuestro destino, la que apela

al Dios de todos. Aunque su faz vela
del Sinaí en las nubes, Él se allana
á dar sus tablas á Moisés y arcana
antes su ley en patria se revela.

Oh Dios de Covadonga y Roncesvalles,
Dios de Bailén, señor de nuestra hueste,
que tu nombre por tierras y por valles

bendigan de esta España y la celeste,
y en confesarte único no acalles
mi voz mientras su aire ella me preste.

S. 10 X 10.

LXVII

LA SANGRE DEL ESPÍRITU

—

La sangre de mi espiritu es mi lengua
y mi patria es allí donde resuene
soberano su verbo, que no amengua
su voz por mucho que ambos mundos llene

Ya Séneca la preludió aun no nacida,
y en su austero latin ella se encierra,
Alfonso á Europa dió con ella vida
Colón con ella redobló la tierra.

Y esta mi lengua flota como el arca
de cien pueblos contrarios y distantes,
que las flores en ella hallaron brote

de Juárez y Rizal, pues ella abarca
legión de razas, lengua en que á Cervantes
Dios le dió el Evangelio del Quijote.

S. 10 X 10.

LXIX

COLOQUIO MÍSTICO

Mantiene con su Dios largos monólogos
en el centro del alma, según dice,
cuidando mucho no se les deslice
la más leve herejía; son teólogos

los dos, según él cree, pero en apólogos
tienen que hablar, y no hay quien los cotice
en su justo valor, y al infelice
con líos de palabras los filólogos

se le vienen encima. Y él responde:
«Hablar con Dios meterse es hasta el fondo
del abismo; por mucho que se ahonde

no se le toca; cuanto puedo sondo
y respondo de mí, mas Dios se esconde
y es de Él, de Dios, de quien yo no respondo».

S 12 X 10.

LXX

EL MAL DEL PENSAR

> L' homme qui pense est un animal
> depravé.
>   J. J. ROUSSEAU

No se puede pensar, que es correr riesgo
de pecar sin saberlo; el Enemigo
malo nos ronda y suele entrar de sesgo
en el alma que no lleva el abrigo

de una fe de cordón y escapulario
con su saber ya infuso en el bautismo,
la fe del carbonero ó carbonario
que de uno ó de otro modo son lo mismo.

Lo que trajo la muerte fué la gula
de la ciencia que es muy mala costumbre;
para el ayuno de pensar no hay bula

que valga; hay que matar la incertidumbre;
Dios nos dió el pensamiento como prueba,
dichoso quien no sabe que le lleva!

S 12 X 10.

LXXI

JUNTO A LA LAGUNA DEL CRISTO

en la Aldehuela de Yeltes, una noche de luna llena.

———

Noche blanca en que el agua cristalina
duerme queda en su lecho de laguna
sobre la cual redonda llena luna
que ejército de estrellas encamina

vela, y se espeja una redonda encina
en el espejo sin rizada alguna,
noche blanca en que el agua hace de cuna
de la más alta y más honda doctrina.

Es un rasgón del cielo que abrazado
tiene en sus brazos la Naturaleza,
es un rasgón del cielo que ha posado

y en el silencio de la noche reza
la oración del amante resignado
sólo al amor que es su única riqueza.

S. 12 X 10.

LXXII

EL CONTRATANTE SOCIAL

———

Hombre sin patria es bípedo implume,
contratante social de Juan Jacobo,
zôon politicón, ó sea en globo
un mamífero vertical. Consume

por lo menos, y por lo más presume
de ser individuo. Es un estrobo
sin tolete; su vida en puro robo
á la hermandad humana se resume.

Es de la humanidad un puro extracto
píldora de la histórica Necrópoli,
un ente muy sublime, pero abstracto,

para ser estatuado en la Metrópoli,
un componente para entrar al pacto
social de que saldrá la gran Cosmópoli.

S. 12 X 10

LXXIII

SATÁN

—

Pobre Satán! botado del escaño
del trono del Señor de las mercedes
tú que ablandar con lágrimas no puedes
el temple diamantino de tu daño.

Que no puedes llorar, Satán huraño,
preso del miedo único en las redes,
del miedo á la verdad, á que no cedes
pobre Satán, padre del desengaño!

A vivir condenado sin remedio
contigo mismo sin descanso lidias
y buscando olvidarte y para el tedio

matar es que la vida con insidias
nos rodeas, teniéndola en asedio
mientras el ser mortal nos envidias.

S. 14 X 10.

XXLIV

A MI ÁNGEL

—

Cúbreme con tus alas, ángel mío,
haciendo de ellas nube que no pasa;
tú proteges la mente á la que abrasa
la cara del Señor, mientras el río

del destino bajamos. Pues confío
que cuando vuelva á la paterna casa,
no ya velada la verdad, mas rasa
contemplar pueda á todo mi albedrío.

Mira, ángel mío, que la vida es corta
aunque muy trabajosa su carrera
y en ella no puede ir el alma absorta

de su Dios. Así espero á que me muera
para verlo, pues única soporta
la muerte á la verdad nuda y entera.

S. 15 X 10.

LXXV

CIVILITAS

φθόνος δὲ ἀρχῆθεν ἐμφύεται ἀνθρώπῳ
HERODOTO III, 80.
El pensamiento inicial es de Quevedo.

La envidia de morder nunca se sacia
pues no come; por eso es que no engorda,
y á la pobre alma á la que sola aborda
de puro soledad la pone lacia.

Mas si su hiel en muchedumbre vacia
de gratitud al llamamiento sorda
suele dejarla y la convierte en horda,
que ella es la madre de la democracia.

Fué su hijo Caín el que erigiera
primero la ciudad en que sustento
buscan los lacios, pues la envidia era

es y será el más firme cimiento
de la hermandad civil, y ley primera;
del crimen fundador el testamento!

S. 19 X 10.

LXXVI

EN LA MANO DE DIOS

Na mao de Deus, na sua mao direita.
ANTHERO DE QUENTAL. *Soneto.*

Cuando, Señor, nos besas con tu beso
que nos quita el aliento, el de la muerte,
el corazón bajo el aprieto fuerte
de tu mano derecha queda opreso.

Y en tu izquierda, rendida por su peso
quedando la cabeza, á que revierte
el sueño eterno, aun lucha por cojerte
al disiparse su angustiado seso.

Al corazón sobre tu pecho pones
y como en dulce cuna allí reposa
lejos del recio mar de las pasiones,

mientras la mente, libre de la losa
del pensamiento, fuente de ilusiones,
duerme al sol en tu mano poderosa.

S. 17 X 10.

LXXVII

TRAGI-COMEDIA

———

Pues lo único que el hombre cumple en serio
es nacer; luego en derredor le asedia
la farsa, y como Dios no lo remedia
ni sirve del pesar el cruel cauterio

da en actor. Y en este ministerio
cobra de la tal vida triste acedia
y la muerte es escena de comedia
aunque prólogo sea del misterio.

Los pasos del teatro siendo míticos
henchidos suelen ir de efectos mágicos
y por tristes razones económicas

los dos momentos de la vida críticos,
los nacimientos casi siempre trágicos
y son las muertes casi siempre cómicas.

S. 17 X 10.

LXXVIII

LLUVIA DE ARENA

Corán II 66, V 83, IX 32, LXI 18.

Si Dios escatimándonos la lluvia
nos hurta el agua de frescura llena,
es para que del páramo la arena
usemos en bautismo; arena rubia

cual la que azota en la abrasada Nubia
el simún. Es el Sol el que almacena
la fé de fuego ardiente en nuestra vena,
y nos da un arenal por cada zubia.

Y contra los impíos que pretenden
la luz de Dios soplando con su boca
matar y con su vana ciencia ofenden

nuestra salud, los de soberbia loca,
contra esos perros, mientras no se enmienden,
toda lluvia de arena será poca.

S. 19 X 10.

LXXIX

EL ÁNGEL NEGRO

—

El ángel negro el corazón me toca
con sus alas llamándome del sueño
en que me finjo con carrera loca
romper el cielo en grupa á Clavileño.

Mi pobre frente en la caída choca
con la verdad de gesto zahareño
que dura é inmutable como roca
sólo hiriendo alecciona á nuestro empeño.

Sumido entonces en mortal quebranto
tomo con la verdad odio á la vida,
y cobro de mí mismo un recio espanto,

    pero me miras tú, compadecida,
y tus ojos me vuelven al encanto
del dulce ensueño en que verdad se olvida.

S. 20 X 10.

LXXX

SALUD NO, IGNORANCIA

—

Te vuelves ya de un lado ya del otro
en busca de reposo, ni á la izquierda
ni á la derecha le hallas, que es un potro
la cama para tí. Pero recuerda

cuando en tu vida pública perores
que esa dolencia á muchos les consume
el alma triste, y no se la empeores
con fáciles diatribas. Quien presume

de consecuente es como el hombre vano
de su salud que al pobre enfermo insulta
haciendo de sus fuerzas arrogancia;

un día cae el presumido sano,
en la pizarra se le ve y resulta
que no era su salud sino ignorancia.

S. 21 X 10.

LXXXI

NUMANCIA

——

Desafiando á la orgullosa Roma
desde el adusto páramo, Numancia,
maestra de la ibérica arrogancia
á que jamás por fuerza se la toma

fuiste tú de la patria ya en la infancia.
Pero hoy vuelve á intentar en tí la doma
no ya con catapulta, con carcoma
que de los nobles rinde la constancia.

Mas no Roma civil, la que en la mano
del corazón llevaba su derecho
si en la diestra la espada; el Capitolio

cayó al eternizarse; el Vaticano
que á nuestra España tiene ya en acecho
para con ella apuntalar su solio.

S. 21 X 10.

LXXXII

SOLEDAD

Pobre alma triste que caminas sola
perdida del desierto en las arenas,
llevando á cuestas solitarias penas
oscuras, que no brillan con la aureola

del martirio! El simún ola tras ola
de la vida te rompe las cadenas
y la soez cuadrilla de las hienas
la que fué tu mansión al fin viola.

La vida es soledad, sola naciste
y sola morirás, sola so tierra
sentirás sobre tí la queja triste

de otra alma que en el yermo sola yerra,
que al valle del dolor sola viniste
á recabar tu soledad con guerra.

S. 24 X 10.

LXXXIII

AL ESTADO NEUTRAL

—

Sucesor de Pilato, entregas Cristo
al sucesor de Anás, esto es al Papa,
porque: «La majestad civil no tapa
con su ley soñadores; no me invisto

—dices—de extraña autoridad so capa
de orden; allá la religión, malquisto
no me es el Hombre-Dios pero resisto
que me conviertan la nación en Trapa.»

La Iglesia libre en el Estado libre
y á Cristo, como á rey de mofa vendes,
juzgando así facilitar tu obra;

mas castigado vas, quien equilibre
los dos poderes no hallarás ni entiendes
que de los dos el uno está de sobra.

S. 25 X 10.

LXXXIV

NON OMNIS MORIAR!

Odi profanium vulgum.
HORACIO.

«No todo moriré!» Así nos dice
henchido de sí mismo aquel poeta
que odia al vulgo profano y que le reta
á olvidarte esperando le eternice

el reto mismo; es calculada treta
para mejor domarle y que bautice
su gloria. Mas se escapa al infelice
que aun quien al cabo su licor enceta

jamás lo apura. Y le llegó su hora
y consagrado fué; su poesía
en nuestras mentes vive aun sonora...

vive... esto es, se gasta: No sabía
creyendo entrar en la eternal aurora
que hasta los muertos morirán un día!

S. 25 X 10.

LXXXV

.

EL CORAZÓN DEL MUNDO

———

Reposa, corazón, que harto lidiaste
y reposando espérale al reposo
postrero que no acaba; que te baste
lo ya vencido en este tormentoso

combatir, y curado del desgaste
en el descanso púrgate del poso
de aquella mala sangre que cobraste
en las arenas del ardiente coso.

Limpio has de ir á Dios, hoy pobre esclavo
de la lucha, y pues ésta es la que mancha
límpiate de la paz en el profundo

recojimiento; gozarás al cabo
el increado aire que te ensancha
hasta fundirte al Corazón del Mundo.

S. 26 X 10.

LXXXVI

A MI BUITRE

———

Este buitre voraz de ceño torvo
que me devora las entrañas fiero
y es mi único constante compañero
labra mis penas con su pico corvo.

El día en que le toque el postrer sorbo
apurar de mi negra sangre quiero
que me dejeis con él solo y señero
un momento, sin nadie como estorbo.

Pues quiero triunfo haciendo mi agonía
mientras él mi último despojo traga
sorprender en sus ojos la sombría

mirada al ver la suerte que le amaga
sin esta presa en que satisfacía
el hambre atroz que nunca se le apaga.

S. 26 X 10.

LXXXVII

NOCHES DE INSOMNIO

νοῦσοι δ'ἀνθρώποισιν ἐφ'ἡμέρῃ, ἁὶ δ'ἐπὶ νυχτὶ
αὐτόματοι φοιτῶσι χαχὰ θνητοῖσι φέρουσαι
σιγῇ, ἐπεὶ φωνὴν ἐξείλετο μητίετα Ζεύς.

HESIODO.—*Obras y Dras.* 102-104

Terribles noches de insomnio en las que se cuenta
el toque de las horas que van al vacío;
su procesión cargada de vidas va lenta
bajando por las aguas del eterno río.

E insomne en la ribera el corazón se sienta
no pensando ni soñando si no en sombrío
rumiar lo inevitable con que tienta
al alma el Tentador, que así mete el desvío

de la lucha viril. Oh las noches terribles
de locas aprensiones y de vil congoja
al ver las esperanzas hechas ya imposibles

si una gota del río que pasa nos moja
y en el alba al mirarla con los aprensibles
tristes ojos la vemos cual la sangre roja.

S. 27 X 10.

LXXXVIII

RIMA DESCRIPTIVA

κικκαβαῦ, κικκαβαῦ
τοροτοροτοροτοροτιλιλίξ
Ἀριστοϕάνους "Ορνιθες
boblibindo chicurmurco
SHAKESPEARE. *All's well that ends well*
act. IV sc 3

Es á la sombra del silencio santo
bajo el silencio de la sombra augusta,
lánguidamente va volando el canto
de una campana sobre la robusta

rocosa serranía á la que el llanto
reviste de las nubes; en la adusta
cima la tierra ciñe el negro manto
que cuando muere el sol al pecho ajusta.

En la sombra la lluvia se diluye
y en el silencio el son de la campana,
nocturno el río de las horas fluye

desde su manantial, que es el mañana
eterno, y en sus negras aguas huye
aquella mi ilusión harto temprana.

S. X 10.

LXXXIX

A MERCURIO CRISTIANO

σὲ γὰρ προσηύδων οὐκ ἂν ὄνθ'ὑπηρέτην
ESQUILO. *Prometeo 983.*

Oh cristiano Mercurio, de tí impetro
una patria feliz, pues de tí Marte
dependiendo su espada ha de ofrendarte;
ese que empuñas, formidable cetro

el de tira y afloja sutil metro
rige á la tierra; sobre tu baluarte
brilla la cruz en el aureo estandarte
de esa tu religión de pacto retro.

Tú que en heroicos tiempos de alcahuete
á los dioses serviste, dios espurio,
luego los subastaste cual vil flete,

te hiciste bautizar bajo perjurio
y hecho cristiano así en un periquete
sobre ellos reinas hoy, oh vil Mercurio!

S. 28 X 10.

ASTURIAS Y LEÓN

XC

(Génesis XXXII 24-30.

Señor, no me desprecies y conmigo
lucha; que sienta al quebrantar tu mano
la mía, que me tratas como á hermano,
Padre, pues beligerancia consigo

de tu parte; esa lucha es la testigo
del origen divino de lo humano.
Luchando así comprendo que el arcano
de tu poder es de mi fé el abrigo.

Dime, Señor, tu nombre pues la brega
toda esta noche de la vida dura,
y del albor la hora luego llega;

me has desarmado ya de mi armadura,
y el alma, así vencida, no sosiega
hasta que salga de esta senda oscura.

Oviedo 6 XI 10.

XCI

MURALLA DE NUBES

—

Oh pardas nubes, almas de los montes,
que recuerdos traeis aquí á la nava
de aquel rincón en donde el alma esclava
vivía de vosotras; cual bisontes

en rebaño pasais, los horizontes
encrespando en fingida sierra brava
que no á la tierra sino al cielo grava
con su mole. Por mucho que remontes

tu vuelo, mi alma, esa encrespada sierra
de nubes nunca franquearás, muralla
será de tus anhelos; de la tierra

no la tierra, las nubes de que se halla
ceñida hacen la cerca que te encierra
en el estrecho campo de batalla.

De Oviedo a León 7 XI 10.

XCII

AGÜERO DE LUTO

——

Cubre mi frente ya la espesa bruma
de la tarde que lanzan los regajos
de la vida; vapor es de trabajos
del sufrimiento. Al corazón abruma

· con hebras de agua helada que rezuma
de su seno; con ellas los cascajos
baña de la ilusión y espumarajos
fragua donde esperanza se me esfuma.

Cuando salga mi luna no he de verla
blanca brillar sobre mi negra ruta,
del anillo del dedo de Dios perla,

que va marcando de su mano enjuta
el golpe soberano hasta ponerla
sobre mi frente que el agüero enluta.

De Oviedo á León, 7 XI 10.

XCIII

· INMACULADO

Sobre un pensamiento de Domingo
Faustino Sarmiento

Te ví claro nacer entre las peñas
de la cumbre, brotando de la nieve,
y laborioso luego tras de breve
jugueteo mover ruedas de aceñas.

Prados riegas después, saltando breñas
lavas minas y arrastras su relieve
y tu esfuerzo al caer es el que mueve
nuestra industria. Y así es que nos enseñas

nuestro deber, pues al llegar al río
que te absorbe, de cieno vas oscuro
por haber sido útil; poderío

que atiende sólo á conservarse puro
al cabo muere inútil en baldío
prestigio preso cual en recio muro.

De Oviedo á León, 7 XI 10

XCIV

EL FRACASO DE LA VIDA

—

Cuando el alma recuerda la esperanza
de que nutrió su juventud comprende
que la vida es engaño y luego emprende
soñar que fué lo que no fuera; avanza

así con sus ensueños mas no alcanza
lo que esperó; soñando se defiende
y llega al fin Aquella que nos prende
con el lazo de la última membranza.

Para ver la verdad no hay mejor lumbre
que la lumbre que sube del ocaso,
y que luego el verdor trueca en herrumbre;

lanzadera fatal urde el acaso
de la vida en la trama la costumbre;
toda vida á la postre es un fracaso.

De Astorga á Zamora, 9 XI 10.

XCV

LA INTRUSA

Aprieta más y tápeme tu abrazo;
que no me vea cuando llega y pasa
avizorando en torno de mi casa
por si prenderme puede con su lazo.

Deja que hunda mi frente en tu regazo
pues su mirada el corazón me arrasa
y si es la vida que me resta escasa
que no lo sepa, no, nada de plazo!

Engáñame; mis ojos con tus besos
cierra, tu corazón arrima al mío,
que sólo al recordarla hasta en los huesos

siento de la postrer congoja el frío;
así, igual que á un niño, sin excesos,
que de ellos se aprovecha á su albedrío.

De Astorga á Zamora, 9 XI 10

DE NUEVO EN CASA

XCVI

DOLOR COMÚN

— —

Cállate, corazón, son tus pesares
de los que no deben decirse, deja
se pudran en tu seno; si te aqueja
un dolor de tí solo no acibares

á los demás la paz de sus hogares
con importuno grito. Esa tu queja
siendo egoísta como es refleja
tu vanidad no más. Nunca separes

tu dolor del común dolor humano,
busca el íntimo aquel en que radica
la hermandad que te liga con tu hermano,

el que agranda la mente y no la achica;
solitario y carnal es siempre vano;
sólo el dolor común nos santifica.

S. 12 XI 10.

XCVII

AUTHÁDEIA

A ellos.

Dejadme solo que no quiero bandas;
menos si de ellas me quereis caudillo,
pues sé muy bien que empañareis mi brillo
con vuestra sombra. Un potro son las andas

que me ofreceis, aun cuando lleven randas
de oro y laurel. No quiero de argandillo
servir para el devane del ovillo
de vuestras viles pasioncillas blandas.

Solo y señero, que este es mi castigo
y en mi castigo busco mi consuelo;
solo y señero y pongo por testigo

á Dios, que mientras pese aquí en el suelo
á Él, que me aisla, quiero por amigo
y os emplazo á vosotros para el cielo.

S. 15 XI 10.

XCVIII

IRRESIGNACIÓN

οὐ γὰρ πείσεις, οὐδ'ἢν πείσῃς

ARISTOFANES. *Pluto* 600

No me resignaré, no, que mi lote
bregar es sin espera de victoria
y sucumbir en busca de la gloria
de palizas cual las de Don Quijote.

Mientras mi terco anhelo no se agote
defenderé aun la absurda, la ilusoria
creencia que da vida, y no á la noria
del saber triste con esclavo trote

regar haré. Que esa agua de la ciencia
al ánimo nos mete cual calambre
la desesperación, pues la creencia

vital borrando, nos amarga el hambre
de no morir y seca la existencia
desenterrando su inmortal raigambre.

S. 16 XI 10.

XCIX

SIT PRO RATIONE VOLUNTAS!

All men think all men mortal but themselves
YOUNG

No la verdad, si la verdad nos mata
la esperanza de no morir, mi puerto
de salvación en el camino incierto
porque me arrastro. Si nos arrebata

la ilusión engañosa que nos ata
á nuestra vida—engaño siempre abierto!—
mejor que estar desengañado y muerto
vivir en el error que nos rescata.

Pero cómo sabiendo que es engaño
vivir de su virtud? Por la pelea
de que huye aquel de cerda vil rebaño

que bajo tierra su ideal hocea,
pues desesperación es el escaño
de la esperanza que su objeto crea.

S. 17 XI 10.

C

Á NIETZSCHE

———

Al no poder ser Cristo maldijiste
de Cristo, el sobrehombre en arquetipo,
hambre de eternidad fué todo el hipo
de tu pobre alma hasta la muerte triste.

Á tu aquejado corazón le diste
la *vuelta eterna,* así queriendo el cipo
de ultratumba romper, oh nuevo Edipo,
víctima de la Esfinge á que creiste

vencer. Sintiéndote por dentro esclavo
dominación cantaste y fué lamento
lo que á risa sonó de león bravo;

luchaste con el hado en turbulento
querer durar para morir al cabo
libre de la razón, nuestro tormento.

S. 18 XI 10.

CI

NEURASTENIA

—

El toque del reló de media noche
en el silencio, cuando todo escucha,
contando el vaciarse de la hucha
del tesoro vital, es un reproche

y una súplica: Mira, es un derroche
de alma el que haces en la recia lucha;
de la natura la largueza es mucha
pero se acaba al fin; el resto en coche

sigue y no á nudo pié, deja llevarte;
ayer fué dulce sol de invierno y necio
lo perdiste, y Aquel que los reparte

con su dedo señala al que en desprecio
tiene su don, y esa señal es parte
al giro insomne del taladro recio.

S. media noche 19-20 XI 10.

CII

LA TINAJA DE PANDORA

μούνη δ'αὐτόθι 'Ελπὶς ἐν ἀρρήκτοισι δόμοισιν
ἔνδον ἔμιμνε πίθου ὑπὸ χείλεσιν, οὐδὲ θύραζε
ἐξέπτη

HESIODO *Obras y días* 96-97.

No aun al mundo la segunda aurora
vierte en rosas envuelto su rocío
y nuestra madre ya, pobre Pandora,
pagando su hambre de saber, vacío

ve en sus manos el vaso que atesora
de la vida el secreto, y de él el río
de los males brotar. Y mientras llora
la ceguera fatal de su albedrío

y el loco anhelo de su pecho inquieto,
de su ciencia fatal como escurraja
la esperanza le queda, del secreto

consuelo triste que al mortal trabaja
engaño avivador, y es lo concreto
del vacío que guarda la tinaja.

S. 23 XI 10.

CIII

SOL DE INVIERNO

———

Oh sol de invierno que por el ramaje
desnudo de verdores el tesoro
nos ciernes, pío, de la sangre de oro
con que tras de las siestas el celaje

enciendes engañándonos; ropaje
eres común con que se abriga el coro
de los pobres, y cumples el aforo
de la vida al que rinde vasallaje

á la triste vejez. Oh sol clemente
que das al hielo brillo diamantino,
sé mi consuelo tú cuando mi frente

doble á la tierra, mi último destino,
y envuelve en el rojor de tu poniente
de mi postrera noche el buen camino.

S. 23 XI 10.

CIV

EN LA CALLEJA

—·—

Media noche. La luna á la calleja
enjabelga La tapia de un convento
de una vera. Sobre ella, monumento
de soledá, un ciprés lanza á una reja

su sombra, en la que envuelta una pareja
consumiéndose. El mozo está sediento
y ella siente en los hierros el violento
batir del corazón. Cruza una queja

alada el aire y quiebra el embeleso
de los amantes. Vuela en roto giro
un murciélago. «No, me tienes preso!»

«Pues bien, adiós, mi Dios, ya me retiro!»
Rompe el silencio un redoblado beso;
luego unos pasos lentos y un suspiro.

S noche 24-25 XI 10.

CV

CANTO DE REMUDO

———

Invisible paloma, la tonada
con sus alas sonoras cruza y roza
los riscos del barranco y á la moza
que unas calzas remienda en la tenada

le sacude el oído. Alborozada
bebe el reclamo; viene de la choza
donde el pastor la sueña, y ella goza
gozando de antemano la velada.

Por medio brama el río en hondo tajo
donde ni aun el enebro prender pudo
y trillando en sus cuestas el cascajo

con segura pezuña un gran barbudo
á una cabra que bebe en un regajo
corre al son de aquel canto de remudo.

S. 26 XI 10.

CVI

AL AMOR DE LA LUMBRE

Dulcissime vanus Homerus
SAN AGUSTIN. *Confesiones.*

Al amor de la lumbre cuya llama
como una cresta de la mar ondea.
Se oye fuera la lluvia que gotea
sobre los chopos. Previsora el ama

supo ordenar se me temple la cama
con sahumerio. En tanto la Odisea
montes y valles de mi pecho orea
de sus ficciones con la rica trama

preparándome al sueño. Del castaño
que más de cien generaciones de hoja
criara y vió morir cabe el escaño

abrasándose el tronco con su roja
brasa me reconforta. Dulce engaño
la ballesta de mi inquietud afloja!

S. 27 XI 10.

CVII

DON JUAN DE LAS IDEAS

——

Don Juan de las ideas que cortejas
todas las teorías, libertino
del pensamiento, eterno peregrino
del ansia de saber, sé que te quejas

de hastío de inquirir y que aconsejas
a los mozos que dejen el camino
de la ciencia y encierren su destino
de la santa ignorancia tras las rejas.

No amor á la verdad, si no lujuria
intelectual fué siempre el alimento
de tu mente, lo que te dió esa furia

de perseguir á la razón violento,
mas ella se vengó de tal injuria
haciendo estéril á tu pensamiento.

S. 29 XI 10.

CVIII

PASADO Y PORVENIR

———

A la yerba que cubre tu morada
de queda y donde tu alma en su capullo
de polvo espera, arráncale un murmullo
la lluvia que del cielo derramada

la hiere. La canción es encantada
del último misterio, es el arrullo
de nuestro último amor, el dulce abrullo
de nuestra madre Tierra, ya cansada

de parir hombres que á su seno oscuro
vuelven á reposar. La pobre siente
que el pasado penar con el futuro

en su entraña se funden, y doliente
breza á sus muertos mientra al no maduro
fruto de su dolor rinde la frente.

S. 29 XI 10.

.

CIX

TODO PASA

——

La tierra roja, el cielo añil, culmina
el sol desnudo en el zenit y asesta
sus dardos; es la hora de la siesta;
se empardece el verdor de la colina.

A la redonda sombra de la encina
inmoble y negra, inmoble se recuesta
el negro toro, y una charca apresta
su espejo inmoble de agua mortecina.

Como un esmalte, de la calma al horno
recién fraguado, la visión se agarra
y en el espacio es de quietud adorno,

mas ay! que siempre eternidad nos marra,
pues pregonera del girar del torno
del tiempo canta instantes la cigarra.

S. 2 XII 10.

CX

HIDETODO

—

Pordiosero en besana de rastrojo
á la mejor de Dios mata la siesta,
el día, como todos, le es de fiesta,
horro de cuita y quito está de antojo.

No le hace á su zurrón mella el gorgojo,
todo es cañada para él, sin Mesta,
la cama tiene en donde quiera puesta,
ni el sol le escalda ni le escuece el tojo.

Por bajo de la ley diestro se escurre,
mas si le atrapa, záfase al castigo;
como nunca se afana, no se aburre;

de todo eso de honor dásele un higo,
y no ya hi-d'algo es, si se discurre,
hi-de-todo, de Dios, este mendigo.

S. 1910.

CXI

MATAR EL TIEMPO

———

He sorbido tus lágrimas, princesa,
y en ellas el secreto de tu pecho,
mas no temas, lo juro por tu lecho,
no lo dirá mi lengua que fué presa

de tu boca. Soy fiel á mi promesa.
Cuando, mendigo, llegué á tí maltrecho
del cielo amparo hallé bajo tu techo
y me pusiste junto á tí en la mesa.

No sólo en ella. Pero bien, señora,
por delgado que sea cada estambre
que traman la costumbre redentora,

esta es de nuestra vida la raigambre
y se come, fijando antes la hora,
más por matar el tiempo que no el hambre.

S. 1910.

CXII

INACTUAL

μηχέτ' ἔπειτ' ὤφελλον ἐγὼ πέμπτοισι μετεῖναι
ἀνδράσιν, ἀλλ' ἢ πρόσθε θανεῖν ἢ ἔπειτα γενέσθαι
HESIODO —*Obras y días.* **174-175.**

He llegado harto pronto ó harto tarde
al mundo, en esta nuestra edad de hierro
en que rinden los hombres al becerro
de oro un mezquino corazón que arde

en turbia fiebre, un corazón cobarde
que se complace en su mortal encierro
y sigue á gozo el son del vil cencerro,
de triste servidumbre haciendo alarde.

Fraternidad! he aquí la palabra
que del vivir nos cubre hoy el quebranto,
el mágico moderno abracadabra

para sustituir de Dios el manto,
mas es en vano, soledad nos labra
del pomposo progreso el desencanto.

S. 3 XII 10.

CXIII

POR QUÉ ME HAS ABANDONADO?

L' homme est périssable. Il se peut; mais
périssons en resistaut, et si le néant nous est
réservé, ne faisons pas que ce soit une justice.

SÉNANCOUR. *Obermann lettre XC.*

Por si no hay otra vida después de esta
haz de modo que sea una injusticia
nuestra aniquilación; de la avaricia
de Dios sea tu vida una protesta.

Que un anhelo sin pago así nos presta
y envuelto de su luz en la caricia
el dardo oscuro que al dolor enquicia
en la raíz del corazón asesta.

Tu cabeza, abrumada del engaño,
en la roca descansa que fué escaño
de Prometeo, y cuando al fin te aplaste

la recia rueda de la impía suerte,
podrás, como consuelo de la muerte
clamar: «por qué, mi Dios, me abandonaste?»

S. 9 XII 10.

CXIV

DULCE SILENCIOSO PENSAMIENTO

Sweet silent thought.
SHAKESPEARE. *Sonnet* XXX

En el fondo las risas de mis hijos;
yo sentado al amor de la camilla;
Heródoto me ofrece rica cilla
del eterno saber y entre acertijos

de la Pitia venal, cuentos prolijos
realce de la eterna maravilla
de nuestro sino. Frente á mí en su silla
ella cose y teniendo un rato fijos

mis ojos de sus ojos en la gloria
digiero los secretos de la historia
y en la paz santa que mi casa cierra,

al tranquilo compás de un quieto aliento
ara en mí, como un manso buey la tierra,
el dulce silencioso pensamiento.

S. 10 XII 10.

CXV

EX-FUTURO

—

Á donde fué mi ensueño peregrino?
á donde aquel mi porvenir de antaño?
á donde fué á parar el dulce engaño
que hacía llevadero mi camino?

Hoy del recuerdo sólo me acompaño
—recuerdo de esperanza—y me imagino
que al fin vendrá la paz á mi destino
con el terrible olvido soterraño.

Paz más terrible que la vida misma,
porque esa paz es muerte en que se abisma
el loco afán de los perdidos bienes,

y en ella desterrados de la guerra,
con su mano implacable va la tierra
deshojando la flor de nuestras sienes.

S. 15 XII 10.

CXVI

LA VIRGEN DEL CAMINO

—

Oh alma sin hogar, alma andariega
que duermes al hostigo á cierro raso
trillando los senderos al acaso
bajo la fé de una esperanza ciega.

Ese cielo, tu padre, que te niega
paz y reposo, bríndate al ocaso
roja torre de nubes en que el vaso
que ha de aplacar tu sed al fin te entrega.

Una noche, al pasar, en una ermita
te acojiste á dormir; sueño divino
bajó á tus ojos desde la bendita

sonrisa de la Virgen del Camino,
y ese sueño es la estrella en que está escrita
la cifra en que se encierra tu destino.

S. 15 XII 10.

CXVII

DAMA DE ENSUEÑO

Génesis, cap. XXXII, 24-30.
Quijote. Parte I, cap XXXV
τρὶς δ' ἤερα τύψε βαθεῖαν

Iliada XX, 446

Dama de ensueño es más terrible dama
que la de carne; el pobre anacoreta
rendido, al alba, encuéntrase en la cama
solo, sin el amor y el alma inquieta.

Cuando enemiga soledad le aprieta
triste consúmese en la fría llama
de infecundo deseo, amor no enceta
y está gastado por que sueña que ama

sin amar. Así tú que tu rescate
buscas en las tinieblas; el combate
de Jacob con el ángel desafío

con pellejos de vino que te abate
cual si lucharas de verdad; tu brío
gastas y quien lo traga es el vacío.

S. 21 XII 10.

CXVIII

IRREQUIETUM COR

—

Recio Jesús ibero, el de Teresa,
tu que en la más recóndita morada
del alma mueres, cumple la promesa
que entre abrazos de fé diste á la amada.

Gozó dolor sabroso, Quijotesa
á lo divino, que dejó asentada
nuestra España inmortal cuya es la empresa:
sólo existe lo eterno; Dios ó nada!

Si él se hizo hombre para hacernos dioses,
mortal para librarnos de la muerte,
qué mucho osado corazón, que así oses

romper los grillos de la humana suerte
y que en la negra vida no reposes
bregando sin cesar por poseerte?

S. 26 XII 10.

CXIX

Á CLARÍN

—

Dios te guarde bufón de la tragedia,
tú que yeldas el llanto con la risa;
cuando la muerte al corazón asedia
la frente nos enjuga fresca brisa,

tu alegre aliento que el pesar remedia
siquiera por un rato y en tal guisa
cabe vivir, pues que sin tí la acedia
acabaría con el alma á prisa.

Eres, bufón, la sal de la congoja,
gracias á tí perdura el alimento
que es de la vida espiritual sustento;

sólo dispara el arco que se afloja;
para poder vivir, sufrir, reimos,
riamos, pues, ya que á sufrir nacimos.

S. 29 XII 10.

CXX

A LA ESPERANZA

ἁ... πολύπλαγχτος ἐλπίς
SÓFOCLES. *Antigona* 615.

I

Esperanza inmortal, genio que aguardas
al eterno Mesías, del que sabes
que nunca llegará, tú la que guardas
á tu hija la fé con siete llaves

y que ante la razón no te acobardas
si no haces á los corazones aves
para volar sobre las nubes pardas
de la fosca verdad, ya en mí no cabes,

Esperanza inmortal, ave divina!
que es mi alma para tí harto mezquina
y te ahogas en ella, y por tal arte

huérfano me he quedado de tu abrigo,
y ahora lucho sin tí por si consigo
luchando así, á las ciegas, olvidarte.

S. 30 XII 10.

254

II

Pero no, tú, inmortal, por siempre duras
pues vives fuera de nosotros, Santo
Espíritu, de Dios en las honduras,
y has de volver bajo tu eterno manto

á amparar nuestras pobres amarguras,
y á hacer fructificar nuestro quebranto;
sólo tú del mortal las penas curas,
sólo tú das sentido á vuestro llanto.

Yo te espero, sustancia de la vida;
no he pasar cual sombra desvaída
en el rondón de la macabra danza,

pues para algo nací; con mi flaqueza
cimientos echaré á tu fortaleza,
y viviré esperándote, Esperanzal

S. 6 I 11.

CXXI

LA UNIÓN CON DIOS

> Vorrei voler, Signor, quel ch'io non voglio.
> MIGUEL ANGEL.

Querría, Dios, querer lo que no quiero;
fundirme en Ti, perdiendo mi persona,
este terrible yo por el que muero
y que mi mundo en derredor encona.

Si tu mano derecha me abandona
qué será de mi suerte? prisionero
quedaré de mí mismo; no perdona
la nada al hombre, su hijo, y nada espero.

«Se haga tu voluntad, Padre!» repito
al levantar y al acostarse el día,
buscando conformarme á tu mandato,

pero dentro de mí resuena el grito
del eterno Luzbel, del que quería
ser, ser de veras, fiero desacato!

S. 9 I 11.

CXXII

NON SERVIAM!

Vive la liberté!

CUALQUIER ESCLAVO

«No serviré!» gritó no bien naciera
una conciencia de sí misma, lumbre
de las tinieblas del no ser, la cumbre
del cielo tenebroso ardió en la hoguera

del conocer fatal; toda la esfera
en su seno sintió la reciedumbre
de haber sido creada, pesadumbre
de la nada, su madre, y á la fiera

voz de reto los mundos en sus gonces
rechinaron de espanto y ese grito
perdura sin cesar en las edades;

y esclavos los mortales desde entonces
cantan, puesta la vista al infinito,
sombras de libertad, las libertades.

S. 9 I 11.

CXXIII

NIHIL NOVUM SUB SOLE

———

Pon tu mano, la que me diste, sobre mi hombro
y avanza tras de mí pues la senda se estrecha:
por entre ruinas caminamos, el escombro
hollando del que fué castillo cuya flecha

penetraba en las pardas nubes y era asombro
de caminantes. Avizora nos acecha
del roto torreón aquella que ni aun nombro
por miedo de atraérnosla De tí desecha

vanas ilusiones; á un porvenir marchamos
que fué gastado ya por otros; no me atrevo
con engaño á guiar tu vida; tropezamos

con el pasado al avanzar, todo es renuevo;
los en brote y los secos son los mismos ramos
lo que ha de ser ha sido ya, nada hay de nuevo.

S. 4 I 11.

CXXIV

TODA UNA VIDA

———

Una mañana del florido Mayo
abrió sus alas húmedas de sueño
y del naciente sol al tibio rayo
al aire se entregó. Sobre el risueño.

haz del natal arroyo hizo el ensayo
primero de sus alas. Del empeño
segura ya, voló. Breve desmayo
posar le hizo en el pétalo sedeño

de un agabanzo. Y empezó el derroche
de su efímera vida en loco brillo
de vuelos faltos de intención alguna,

para morir, sin conocer la noche,
abatida por piedra de un chiquillo,
de las nativas aguas en la cuna.

S. 18 I 11

CXXV

APRENSIONES

—

—Me duele el corazón!

     —Pero le tienes?

—Sólo sé que me duele.....

     —Por carencia.

—Puede ser, mas le siento.....

     —Sí, en las sienes!

—Bien, sufriré en silencio y con paciencia!

—Mira, pues que á razones no te avienes,

ni caso haces alguno de la ciencia,

para que ya los oídos no me llenes
con tu queja, oye un caso, es tu dolencia:
«Nada me duele más que aquella mano
que perdiera» me dice un pobre amigo
á quien se la amputaron..... ilusiones!
dolerle el miembro que le falta! vano
fruto del cavilar que es su castigo;
así son las humanas aprensiones!

S. 19 I 11.

CXXVI

AL TOQUE DE ORACIÓN

—

Campanas que al pasado que no pasa
le dais lengua de bronce, peregrino
que una vida descanso aquí, en mi casa,
os oigo me llamais; de mi camino

vuelvo la vista al cielo donde abrasa
á las nubes el sol y allí adivino
lo que antes de ser fuí, cuando mi masa
era parte del igneo torbellino.

Al cerrar la oración nada hace sombra
á su hermano de al lado, los recelos
con la luz mueren, muere el ciego brío

de la ciega batalla y en la alfombra
de Dios se abren las flores de los cielos
de que cae la esperanza cual rocío.

S. 19 I 11.

CXXVII

VICTORIA!

De Maistre

«¡Adelante! que es vuestra la victoria!»
clamaba en el combate el buen caudillo
fingiendo la confianza obligatoria
mientras su pecho el ponderoso trillo

del tedio laceraba y á la gloria
sin creer en ella les llevó; el castillo
rindióse ante su empuje, y su memoria
brilla hoy de tal hazaña con el brillo.

«Y esto es vencer?—se dijo al verse solo—
mas ea! hay que engañar á los hermanos;
vence el que cree vencer; yo que no creo

debo engañarles; por su bien me inmolo;
ellos quieren vivir; pobres humanos,
que así fingen el mundo á su deseo!»

S. 22 I 11.

.

CXXVIII

SE CONTINUARÁ

—

Os gusta? sí? pues seguirá la ronda;
no? por lo mismo! á quien no quiere caldo
taza y media, que Dios me hizo el heraldo
de sus frescas, y así monda y lironda

cantaré á la verdad aunque se esconda
y á fin de cuenta sacaré mi saldo
—aunque bien sé que no de metal gualdo—
al cabo preso de mi recia sonda.

Mientras seguís en vuestra vieja farsa
yo aquí en mis soledades me chapuzo
donde para bregar me ajusto el cincho;

no he menester entrar en la comparsa,
pues sé que cual bichero, así mi chuzo
soldado lleva el gancho junto al pincho.

S. 20 II 11.

EPÍLOGO Y NOTAS

No me parece muy buena costumbre la de los prólogos si no que gusto más bien de los libros que empiezan *ex abrupto,* pero tratándose de un libro de versos el prólogo en prosa estimo imperdonable. Otra cosa es un epílogo, sobre todo si es justificativo.

No he querido ordenar los precedentes sonetos, fruto de cinco meses, por materias, prefiriendo presentarlos en el orden cronológico de su producción, que es, además, por ser el genético, el más íntimo. Sólo dos, el CX y el CXI están colocados un poco al azar, pues son anteriores á todos los demás y de una fecha que no sabría determinar.

Voy ahora á hacer seguir unas pocas y brevísimas notas, con algunas advertencias que juzgo convenientes más que para el mero lector—casi siempre benévolo—para el crítico y el literato que me lean.

Ante todo juzgo conveniente traducir aquí los lemas en lenguas extranjeras que aparecen

en sus originales al frente de los sonetos, por
razones que sería un poco largo exponer ahora aquí.

Sólo dejo de traducir los que están en latín
ó en francés, lenguas que tienen obligación de
saber los bachilleres españoles

Los dos textos que aparecen en la página de
entrada son el uno de un soneto, el primero de
Rime nuore, de Carducci en que llama al soneto
«breve y amplísimo canto y refiriéndose al
Esquilo que nació cabe el Avon, es decir Shakespeare, dice de su soneto: fuiste de arcanos
dolores reclamo arcano.»

El texto de Hazlitt dice:

«El principal objeto del soneto parece ser el
expresar en frases musicales y como en un solo
resuello algún pensamiento ocasional ó senti-
miento personal, algún desagravio que se debe
al pecho del poeta.

Es un suspiro que brota de la plenitud del
corazón, una aspiración involuntaria nacida y
muerta al mismo tiempo.»

Paso ahora á anotar algunos de los sonetos:

I, pág. 8 *Ofertorio.* El soneto nació en Italia y de aquí lo del Apenino. Archanda es la suave cordillera que domina á Bilbao y corre junto á la ría, á su derecha. En Bilbao mismo llamamos á nuestro pueblo el *bocho* ó el *bochito*, es decir el boche, por el parecido que tiene la villa, metida entre montañas, con los boches que los niños hacen para jugar á las canicas ó mecas.

No es, pues, un ripio para colocar una rima.

XVI, pág. 38. *Dulce recuerdo*. Es un tilo el del Arenal que nos habla al corazón á todos los buenos bilbaínos.

XX, pág. 46. *Junto al caserío Jugo* Protesto de que en el último verso no he querido hacer un retruécano. Los odio tanto que estuve pensando suprimir este soneto. El retruécano me parece la forma más baja del ingenio, ó por mejor decir la forma favorita de los más bajos ingenios. Su afición á él es una de las cosas que más me impide reconciliarme del todo con el gran Quevedo. Jugo es mi apellido materno, y mientras por mi línea paterna nada sé arriba de mi abuelo, confitero que fué en Vergara, poseo la serie de mis abuelos maternos á partir del octavo Juan de Jugo cuyo hijo Pedro de Jugo Saez Abendaño nació en 1608 en Galdácano.

XXV, pág. 59. *Ni mártir ni verdugo*. El lema griego son unas palabras que Heródoto hace decir á Otanes el medo ante el consejo, y dicen: «no quiero ni mandar ni ser mandado.»

XXVIII, pág. 66. *La gran rehusa*. Los versos del Dante que dicen· «vi y conocí la sombra de aquel que hizo por cobardía la gran rehusa se refieren á Piero del Murrone, ermitaño de la Calabria, hecho papa Celestino V que renunció luego el papado para volverse al desierto y á sus asperezas, por lo cual la Iglesia le canonizó pero el Dante le condenó, por cobarde, á estar ante la puerta del infierno, donde están aquellos de que ni se debe hablar siquiera.

XXXVI, pág. 82. *El Evangelio*. No me parece haga mucha falta advertir que los querubines que con sus alas cubrían el arca de la alianza (Exodo XXXVII 7) no eran otra cosa que

esfinges egipcias, animales fabulosos de cabeza
y pecho humanos, cuerpo de toro, patas y garras de león y alas de águila, atributos que se
distribuyeron luego entre los cuatro evangelis-
tas. Y por cierto Marcos y Lucas cambiaron
luego, no sé porqué, sus símbolos. Conocido es
el león, y no toro, de San Marcos de Venecia.

XLVI, pág. 102. El lema dice: el volcán cen-
tral de fango.

XLVII, pág. 104. Dice el versillo 28 del Salmo CIX maldíganme ellos y bendigas tú; le-
vántense, mas sean avergonzados, y regocíjese
tu siervo.»

XLIX, pág. 108. Dice el versillo 2 del Salmo
CXXVII por demás os es el madrugar á le-
vantaros, el veniros tarde á reposar, el comer
pan de dolores; pues á su amado dará Dios
sueño.»

LVI, pág. 122. *La encina y el sauce*. Dicen las
dos estrofas del gran Carducci: «Quién trajo la
sombra del sauce llorón á las riberas sagradas?

así te arrebate el viento del Apenino, oh planta muelle, amor de tiempos humildes! Luché aquí con los inviernos y tiemble arcanas historias con mayo palpitante la encina negra, á la que viste el tronco de alegre juventud la hiedra.»

LX, pág. 130. *Á una gazmoña*. Dice Creonte en la *Antígona*, de Sófocles: «rechazándola como á una malévola que es manda á esa moza al infierno (á la morada de Hades) para que allí se case con alguien.»

LXXII, pág. 152. *El contratante social. Zôon politicón*, ζῷον πολιτικόν, animal civil, es como llamó Aristóteles al hombre. Lineo le llamó *homo sapiens*. Con frecuencia es incivil é insipiente. Fiémonos, pues, de definiciones.

LXXV, pág. 158. *Civilitas*. Heródoto dice que la envidia ha nacido con el hombre desde un principio» Y tiene razón. De esto de la envidia sabían mucho los griegos, como buenos demócratas inventores del ostracismo.

LXXVIII, pág. 164. Los pasajes del Coran di-

cen que á falta de agua pueden hacerse las ablu-
ciones con arena y otro habla de los que quieren apagar la luz del sol soplando con su boca

LXXXVII, pág. 182. *Noches de insomnio* Dice Hesiodo que «las enfermedades visitan á los
hombres de día, pero las que espontáneamen-
te llevan males por la noche á los mortales lo
hacen en silencio puesto que el prudente Zeus
les quitó la voz. »

LXXXVIII, pág. 184. O «sea o-corbidulchos
volivorco» otro pasaje, act. IV, escena 1.ª de
la misma comedia de Shakespeare.

LXXXIX, pág. 186. Son palabras que E-
quilo pone en boca de Prometeo el cual al de-
cirle Hermes ó Mercurio que no sabe tener
juicio le responde: «no te hablaría á ti, que
eres un criado!»

XC, pág. 190. Los versillos 24 al 30 del ca-
pítulo XXXII del Génesis dicen: «Y quedóse
Jacob solo y luchó con él un varón hasta que
rayaba el alba. Y como vió que no podía con

282

él tocó en el sitio del encaje del muslo, y des-
coyuntóse el muslo de Jacob mientras con él
luchaba. Y dijo: Déjame, que raya el alba. Y
él dijo: no te dejaré, si no me bendices. Y él le
dijo: ¿cuál es tu nombre? Y él respondió: Jacob. Y él dijo: No se dirá más tu nombre Jacob si no Israel, porque has peleado con Dios
y con los hombres y has vencido. Entonces
Jacob le preguntó y dijo: Declárame ahora tu
nombre. Y él respondió: Por qué preguntas
por mi nombre? Y bendíjole allí. Y llamó Jacob el nombre de aquel lugar Peniel, porque
ví á Dios cara á cara y fué librada mi alma.

XCVII, pág. 206. Ἀυθάδεια, he aquí una palabra intraducible. No es orgullo ni vanidad,
ni petulancia, es la complacencia que uno tiene
en sí mismo y en sus obras. Y dijo Dios: sea
la luz y fué la luz; y vió Dios que la luz era
buena. Gen. I., 3. 4. Y no digo más.

XCVIII, pág. 208. Dice Cremilo en el *Pluto*
de Aristófanes: no me convencerás aunque me
convenzas Y así digo yo.

XCIX, pág. 210 Dice Young que todos los hombres creen á los hombres todos mortales menos á sí mismos »

CII, pág. 216. Dice Hesiodo hablando de Pandora que «solo quedó allí dentro de la tinaja en inquebrantable encierro la Esperanza hasta los bordes y no salió fuera.» Y la de Pandora era tina, πίθος, y no caja.

CV, pág. 222. Se llama el remudo cuando las mujeres de los pastores y zagales, de tiempo en tiempo, les llevan la muda de ropa interior. Van entonces á verlos, y á algo más.

CVIII, pág. 228. Abrullo, voz que no figura en el Diccionario de la Academia es el mugido especial con que la vaca llama al ternero.

CXII, pág. 236. Dice Hesiodo: «Ojalá no hubiera yo nacido después para participar de esta edad quinta de los mortales, si no que ó me hubiese muerto antes ó naciera después de ella!»

284

CXIV, pág. 240. El título es traducción del lema.

CXVII, pág. 246. La cita del Génesis es la trascrita en la nota al soneto XC. El pasaje del *Quijote* es aquel en que el Caballero pelea en sueños con unos cueros de vino tinto tomándolos por gigantes. Y el pasaje de la *Iliada* dice que Aquiles «hirió tres veces la nube profunda» persiguiendo á Hector á quien Apolo había cubierto con una nube, bruma ó más bien polvareda acaso.

CXIX, pág. 250. Necesitaré advertir que el *Clarín* á que este soneto se refiere es el gracioso de «La vida es sueño» y no el difunto Leopoldo Alas, cuya memoria me es veneranda? Sin embargo un joven crítico, notable por su atolondramiento y su afición á las citas oportunas ó inoportunas en lenguas extranjeras que conoce mal ó apenas conoce, me atribuyó el que yo llamase a Victor Hugo idiota porque hice una cita de «Las Contemplaciones» del Idiota. (*Viri docti et sancti Idiotae Contemplationes de Amore Divino*) obra de mística muy conocida entre personas devotas.

Y como quien quiera corregir ha de empezar por corregirse, para dar ejemplo he de rectificar un error que deslicé en una nota de mi libro de *Poesías,* error que me llevó á dar al vocablo yeldar, que en este soneto se usa, un sentido que se aparta algo del que realmente tiene. Seducido por una falsa y atropellada etimología en que me obstiné y es la de hacerlo derivar de *gélida* me empeñé en que yeldarse significase «cuajarse, endurecerse una masa blanda y sobre todo el pan» cuando en realidad lo emplean aquí en el sentido de fermentar, levantarse la masa de pan y deriva del latín *léritu* que da en leonés *lieb'do-lleldo-yeldo* y en castellano *lleudo-lludo.* Ambas formas, yeldo y lludo se usan por acá y ni una ni otra figuran en el diccionario oficial.

Y á ver si otros siguen mi ejemplo de rectificarse, con propósito de enmienda, y entre ellos el suso aludido crítico que en una traducción que hizo del alemán pone una nota para explicar un sentido arbitrario y falso que dió á un vocablo, lo que le obligó á violentar toda una frase. Y todo por no haber acudido á un buen diccionario ó á un docto conocedor del lenguaje técnico.

CXX, pág. 252. Sófocles llama, en la Antígona, á la Esperanza «la esperanza que vaga mucho.»

Y no creo hagan falta más notas, aunque... Mas entonces esto se convertiría en una obra de que los sonetos no serían si no prólogo.

———

ÍNDICE

———

OBRAS DEL AUTOR

Pesetas